PETER STOSIEK

Weisheit

Geschichte und Geschichten

RADIUS

Peter Stosiek (1937–2023) geboren in Kostenthal (Oberschlesien); 1945 Flucht nach Jauernick bei Görlitz, 1961 Staatsexamen Humanmedizin in Halle/Saale. 1955 bis 1961 mehrfache Inhaftierungen wegen Aktionen in der katholischen Studentengemeinde Halle an der Saale, 1963 fristlose Entlassung aus dem Hochschuldienst im Gefolge eines politischen Prozesses, seit 1964 politische und religiöse Vorträge in der DDR, 1964 bis 1975 Ausbildung zum Facharzt für Pathologie, Facharzt für Innere Medizin im Bezirkskrankenhaus Schwerin, Abendstudium katholische Theologie an der Hochschule Erfurt. 1975 Wechsel an das Bezirkskrankenhaus Görlitz, intensive wissenschaftliche Arbeit (über 100 Publikationen), 1983 Habilitation. 1989 Mitgestaltung der Wende (Delegierter am Runden Tisch, Mitbegründer des Neuen Forums). 1992 Leitung des Institutes für Pathologie Cottbus, 1994 Professur an der Universität Halle/Saale (Immunpathologie). Nach der Emeritierung 2002 mehrere Jahre Entwicklungshilfe in Armenien (Universität Yerewan) und Vortragstätigkeit. 2005 Ehrendoktor der Universität Yerewan.

Drei Bände mit Geschichte und Geschichten
liegen vom Autor bereits im Radius-Verlag vor:

»Tollwut« (2017)
»Nachklänge« (2018)
»Rücksichten« (2020)

ISBN 978-3-87173-548-6

Umschlag: André Baumeister
Auf holz- und säurefreiem Werkdruckpapier gedruckt
Gesamtherstellung: CPI – Clausen & Bosse, Leck
Printed in Germany

Portrait
(Modigliani)

Zwei Augen – ein Bild,
lidschlaglos weit,
und randlos gefüllt
mit Traurigkeit.
Zwei Augen – sonst nichts,
irrlichtig der
Reflex eines Lichts
irgendwoher.

Das Wechselbad

So hatten sie sich das nicht vorgestellt. Sonst wären sie vermutlich zu Hause geblieben, die beiden Brüder aus dem Osten. Noch nicht volljährig, der eine sechzehn, der andere siebzehn. Nun standen sie in einem vollgestopften, stickigen Zugabteil, eingeklemmt zwischen zwanzig oder dreißig Leidensgenossen, in Dunkelheit, Hitze und bei einer stereotypen Begleitmusik der Eisenbahnräder: tak-tak tak-tak tak-tak.

Und was sie nicht ahnten, es sollte die längste Zugfahrt ihres bisherigen Lebens werden. Hier herauszukommen war nicht mehr möglich. Wie waren sie überhaupt hereingekommen, fragten sie sich mittlerweile.

Losgegangen war es am Vorabend in Görlitz an der Neiße, ihrer Heimat am Ostrand der DDR.

Genauer gesagt, war es ein Jahr vorher losgegangen, 1953 mit einem einschneidenden Erlebnis, einer überwältigenden Erfahrung, der Erfahrung des Elementes Wasser.

Aufgewachsen waren die beiden in einem Bergdörfchen in der Oberlausitz nahezu ohne dieses Element. Nicht einmal einen Teich gab es da. Wasser musste man aus der Erde hochpumpen und zum Elternhaus schleppen, wo es sich alsbald in Suppen und Soßen verwandelte. In einer dunklen Ecke der Küche stand ein beuliger Eimer, der die kostbaren Reste des Elementes zu Trinkzwecken barg. Mit Wasser wurde geknausert. Einfaches Wasser, das stehen oder fließen konnte, wohin es will, das schäumt und gurgelt, Wasser, in dem Fische schwimmen und Frösche quaken –

das kannten sie nicht. Berge, Bäume und Felder gab es in Hülle und Fülle. Aber nirgends war Wasser zu sehen.

Und dann kam im Vorjahr eines schönen Sommertages an der Ostsee eben das entscheidende Erlebnis.

Als Gäste eines kirchlichen Ferienheimes in Zinnowitz hatten sie am Abend ein Quartier bezogen. Am nächsten Morgen in aller Frühe wurden sie in ein altes, wackliges Kanu gesteckt. Ein Schabernack für Landpomeranzen sollte das sein. Draußen am Strand, langsam wach geworden, trauten sie ihren Augen nicht. Ringsherum Wasser, soweit das Auge reichte nichts als Wasser. Es leckte mit winzigen Wellen an der Bootswand, sprühte Funken und blitzte in der Sonne. Weit und breit waren weder Berge noch Bäume auszumachen. Ab und zu ein Büschel Schilf, das sich geschmeidig im Wind wiegte, hinter ihnen die Düne, ein paar Strandkörbe im gelben Sand. Sonst nichts. Dieser Anblick verzauberte, er machte sprachlos.

Sie schauten sich an, die beiden Brüder. Dann bedurfte es keines Wortes. Das war es, was sie schon immer erträumt und ersehnt hatten. Wenn Träume Gestalt annehmen, wird man sie nicht mehr los. Sie setzen sich fest, verfolgen einen. Manchmal ein Leben lang.

Etwa fünfhundert Mark war der Preis für so ein Boot, sagte man ihnen im Ferienheim. In den Sportgeschäften lägen sie herum.

Nur – wie war an das Geld heranzukommen? Fünfhundert Mark? Ein Vermögen. Aussichtslos. Die Gedanken drehten sich im Kreis, überschlugen sich, ohne jemals ein Ende zu finden.

Die Eltern anzubetteln wäre eigentlich naheliegend gewesen. Man lernt seine Eltern im Laufe einer langen Kindheit kennen. Man weiß, was man ihnen zumuten kann. Eine derartige Bitte wäre zu viel gewesen. Die Mutter war, was die Kinder anging, ängstlich und der Vater Nichtschwimmer.

Der zündende Gedanke kam plötzlich beim Singen eines damals verbreiteten Spottliedes: »Die Ostmark und die Westmark / die stehen eins zu vier…«

Natürlich! Das war's. Die wundersame Moneten-Vermehrung unter der – natürlich illegalen – Ausnutzung der zwei Währungen im geteilten Deutschland.

In West-Berlin gab es Wechselstuben, in denen man sein Geld tauschen konnte, Hier kostete eine Westmark zwischen vier und sechs Ostmark.

Das war der Trick! Die beiden mussten an hundert West-Mark herankommen. Das Umtauschen wäre das kleinere Problem.

Langsam formte sich ein Schlachtplan. Es gab entfernte Verwandte im Westen, in der Nähe von Hamburg. Die waren schon alt, könnten bald sterben. Die sollte man besuchen, solange es noch ging. Das würde den Eltern einleuchten. In Hamburg gab es auch einen Hafen. Einen Hafen mit vielen Möglichkeiten zum Geldverdienen

Da war aber noch ein Problem, ein Gewissensproblem. Sie würden die Eltern hinters Licht führen müssen. Betrügen, auf Deutsch gesagt. Ihnen nicht die Wahrheit sagen, jedenfalls nicht die volle Wahrheit. So einen geplanten Beschiss hatte es in ihrem kurzen Jungenleben noch nie gegeben.

Aber sie würden es später wieder gutmachen, würden nach Canossa gehen und ihnen die Wahrheit nachliefern.

Zunächst ging es jedenfalls problemlos weiter. Die Eltern stimmten zu. Die Fahrt war billig, und es waren große Ferien.

Für sogenannte ›Westreisen‹ setzte die Reichsbahn damals vorsintflutliche Vehikel ein, die Interzonenzüge genannt wurden.

Obwohl es die alten Besatzungszonen seit langem nicht mehr gab, hatten sie ihren Namen behalten. Die Verkehrsverbindungen durften nach dem Vier-Mächte-Status nicht völlig gestrichen werden. Wie sich denken lässt, sollten diese Klapperkästen den Leuten das Westreisen vermiesen.

Da standen die beiden Brüder eines schönen Abends im August 1954 auf dem Görlitzer Bahnhof und warteten auf ihren Interzonenzug, der gegen achtzehn Uhr kommen sollte. Aber er kam nicht. Das war damals normal. Und sie warteten. Auch das war damals normal. Nach mehr als einer Stunde hörten sie ein heiseres Pfeifen in der Ferne. Dann tauchte ein schwarzes, schnaufendes Monstrum auf, ein dampflokgetriebener Lindwurm aus unendlich vielen Wagen mit offenen Fenstern, rostigen Dächern und harten Holzbänken. Es sollte nach Hamburg gehen. Streckenführung, Aufenthaltsorte und Ankunft waren bei den eingleisigen, schadhaften Trassen, die zudem Gegenverkehr und Güterzüge durchlassen mussten, völlig offen. Bald begann sich der Waggon zu füllen.

Bis Dresden konnte man noch am Fenster stehen und den Anblick der Lausitzer Berge im schwindenden Abendlicht genießen. Bald darauf wurde es eng und enger, ständig drängten neue Menschen in die Abteile, die so voll wurden, dass man sich nicht mehr bewegen, am Ende kaum atmen konnte. Selbst auf Trittbrettern, Außenperrons saßen sie.

Wie betäubt erreichten sie am frühen Morgen Hamburg, stürzten auf unsicheren Beinen mehr tot als lebendig aus dem Zug und ließen sich einfach auf den Boden fallen. Wie kühl war dieser Steinboden! Was für eine Erlösung!

Die Leute hetzten vorbei, fluchten und waren bald verschwunden. Die beiden blieben zurück. Wie Fußkranke der Völkerwanderung erhoben sie sich und standen gähnend auf dem fast leeren Bahnsteig. Langsam kroch das Gefühl in ihre tauben Glieder zurück, und eine unendliche Müdigkeit überfiel sie. Auf einer der zahlreichen grauen Bänke des Hamburger Hauptbahnhofes sackten sie zusammen.

Die schrägen Strahlen der Morgensonne streifen den Boden. Kein Papier, keine Zigarettenstummel, kein Unrat, der herumliegt. Da beginnt das große Wundern, doch ihnen fallen schon die Augen zu. Nach einigen Minuten schrecken sie auf.

Wie lange haben wir geschlafen? Wir dürfen nicht einschlafen, Mensch, wir haben doch eine Mission, müssen zuerst eine Jugendherberge finden.

Dort gibt es Unterkunft, eine Mahlzeit und Taschengeld für Ostler. Das hatten sie zu Hause herausgefunden.

Also aufgestanden, die Rucksäcke auf den Rücken gepackt und die müden Beine in Bewegung gesetzt. Es wimmelt in dieser Morgenstunde schon an Passanten.

»Wo kommen wir hier zu einer Jugendherberge?«, fragen sie ein paar junge Männer auf der Straße.

»Immer geradeaus zum Hafen. Könnt ihr nicht verfehlen.«

Sie zeigen ihnen die Richtung.

»Nach ungefähr fünfhundert Metern kommt die Reeperbahn. Da gibt es genug Jugendherbergen.«

Was für eine Bahn?

»Das ist keine Bahn, das ist eine Straße.«

Sie ahnen nichts Böses.

Die Männer grinsen. Warum grinsen die so, fragen sie sich später.

Auf der Reeperbahn erkundigen sie sich nach Jugendherbergen. Die Leute gucken verdutzt an den kurzen Hosen der Jungs herunter, geben keine Antwort.

Eine elegante, irritierende, bunte Welt umgibt die beiden Neuankömmlinge. Vor den properen Häusern liegen gepflegte Vorgärten mit unbekannten Blumen. So viele bunte Autos, Motorroller, Busse wie in diesen Straßen haben die Jungs noch nie gesehen. Wo sie auch hinschauen, alles erscheint ihnen wie geleckt. Sie fühlen sich fremd, so viel Ungewohntes verunsichert sie.

Aber wie sollten sie eine Jugendherberge finden?

Schließlich gehen sie auf ein Haus mit breitem Eingangsportal zu, das ihrer Meinung nach eine Jugendherberge sein könnte. Dort könnte man auf gut Glück einmal nachfragen. Wenig später stehen sie in einer dunkelgrün tapezierten Halle. Auffällig viele Spiegel hängen an den Wänden. Drei jüngere, grell geschminkte Damen mustern die jungen Leute in ihren kurzen Hosen.

»Wo kommt ihr denn her?« – »Aus der DDR?« – Sie grinsen.

»Frischfleisch aus dem Osten«, murmelt eine.

»Ist das eine Jugendherberge?«, wollen die Jungs wissen.

»Könnte man sagen.« Sie grinsen wieder.

Die Beiden schöpfen keinen Verdacht. Sie kommen aus der ostdeutschen Provinz. Ihnen ist das Phänomen Prostitution unbekannt.

»Na, kommt erstmal mit. Jetzt machen wir es uns hinten gemütlich«, bietet eine der drei herausgeputzten Schönen an.

Und so trotten sie vertrauensvoll hinter den Mädchen her. Die Erste öffnet eine von mehreren Türen im Hintergrund. Was sie jetzt sehen, lässt sie erstarren.

In dem Zimmer steht eine nackte Frau.

Das ist zu viel für ihre strapazierten Nerven.

Nach der langen Zugfahrt, der quälenden Übermüdung, der betäubenden Glitzerwelt dieser fremden Stadt drehen sie jetzt durch. Meinen sie. Gleich wird eine Lokomotive an der Stelle erscheinen. Oder ein Pferd.

Sie zweifeln an ihrem Verstand.

Da gibt's nur eins. Schnell weg. Abhauen. Sie schnappen ihre Rucksäcke und rennen fluchtartig ins Freie.

Aber sie werden verfolgt.

Eine der Damen hetzt aufgeregt hinter ihnen her.

»He, seid ihr bekloppt, ihr Düsbüttel. Bleibt doch mal stehn!«

Mühsam holt sie sie ein. Schnappt nach Luft.

»Habt ihr schon mal was von einem Puff gehört?«

Nicht einmal das Wort haben sie gehört.

Eine nackte Frau haben sie in ihrem ganzen Leben noch nie gesehen.

Die Verfolgerin winkt genervt ab.

»Wo wollt ihr denn eigentlich hin, ihr Blödmänner? Jetzt zeig ich euch mal den Weg zur richtigen Jugendherberge!«

Nach zwanzig Minuten melden sie sich am Eingang des eleganten Flachbaus, nehmen zehn D-Mark Taschengeld in Empfang, erhalten Essenbons, Bons für Schokolade und Südfrüchte – bekommen ein Zimmer zugewiesen und eingeschärft, dass sie hier nur eine Nacht bleiben dürfen.

Diese Regel gilt für alle Gäste, nicht nur für Ostler.

»Das hier ist eine Durchgangsstation und kein Wigwam. Verstanden?«

Tief einatmen. Der Anfang wäre geschafft.

Nun noch zum Hafen. Der Weg ist nicht weit.

»Arbeit?«, fragen sich durch.

»Na klor, dor in de lütten Bud', dor sitt de Dispetcher«, sagt ihnen ein Arbeiter. Der zeigt hinüber zu einen Wasserarm im Hafenbecken.

»Kiekt mol, dat Boot dor up de anner Siet! Und dat Boot mit denn groten Motor seiht ju ok? De Kahn möht to morrow utlad' sien. Dat sünd Säcke with Getreide, mit Kurn. Dor bruken wie sonne Kirls. Aber punkt eight o clock möt ji dor sien, Und vörher watt äten! Dunn geihts mit denn Kahn hier röber. Money givt dat in the evening time. Vörher nich!« – »Un clock acht!«, schreit er ihnen noch hinterher.

Eine halbe Stunde später, es ist bereits Nachmittag, sitzen die beiden auf der Kante ihres Doppelstock-Bettes.

»Ich bin todmüde«, stöhnt der eine.

»Das geht mir auch nicht anders«, antwortet der andere. »Es flimmert mir vor den Augen. Das war ein Tag! Und alles nach dieser wahnsinnigen Bahnfahrt! Ich könnte nur noch schlafen…«

»Komm, wir haun uns aufs Ohr. Das Abendbrot können wir uns verkneifen.«

Augenblicklich fallen die beiden in einen ohnmachtartigen Schlaf…

Man sagt, im Tiefschlaf geht jedes Zeitgefühl verloren. So ergeht es auch den beiden. Als sie plötzlich geweckt werden, wissen sie nicht, wo sie sind, haben die komplette Orientierung verloren.

»Was ist denn los?« Der Große setzt sich ruckartig auf die untere Bettkante, der Kleine darüber ist nicht wach zu kriegen.

»Jetzt dürfen die Betten noch nicht benutzt werden«, sagt der Mann im blauen Kittel. »Erst um acht, vorher nicht.«

Acht? War da nicht was?

Punkt acht, klingt es noch in seinen Ohren.

Draußen dämmert es. Er rennt in einen Nebenraum, sucht hastig nach einer Uhr. Eigene Armbanduhren hatten sie damals noch nicht.

Es ist kurz nach halb acht. Herrje! In einer halben Stunde fahren die Arbeiter am Hafen ab. Dann ist der Job gelaufen.

Und er rennt los. Allein. Besser einer, als keiner, denkt er.

Als er am Hafen ankommt, sind die Hallen dicht, die flache Bude leer, keine Menschenseele auf den Rampen zu sehen, das Gelände liegt wie ausgestorben vor ihm.

Es ist doch erst fünf vor, denkt er verzweifelt.

Da kommt ihm eine alte Frau mit Kopftuch und Handtasche entgegen.

»Entschuldigung, warum ist denn hier alles zu? Warum arbeitet keiner?«

»Dat is lang Fierabend, junger Mann.«

»Feierabend??«

»Um füf hürn de up. Wie immer.«

»Das kann doch nicht sein. Haben die die Nacht durchgearbeitet?«

»Wüso de Nacht?«

Langsam dämmert es ihm. Wenn die Feierabend gemacht haben, dann ist es jetzt nicht Morgen, sondern schon Abend.

Er rennt der Frau nochmal hinterher.

»Sagen sie, liebe Frau, ich bin aus dem Osten, gerade erst angekommen, finde mich noch nicht zurecht, aber eine letzte Frage – ist jetzt Abend oder Morgen?«

»Aus dem Osten?« Die Frau läuft entsetzt weg und schreit: »Obend!«

»Wie bitte?«

Wieder wird ihm schwindlig. Er setzt sich ratlos auf die Bordsteinkante und versucht, die Gedanken zu ordnen.

Die alte Frau wird Recht haben, es ist Abend. Wir müssen den ganzen Tag verschlafen haben. Eine Nacht und einen Tag.

Eine Nacht??

Hatten sie an der Rezeption nicht von einer Nacht gesprochen? Eine Nacht. Kein Wigwam! Es klingt ihm noch in den Ohren.

Um Himmelswillen! Auch das noch. Die Zeit ist um.

Also schnell den ohnmächtigen Bruder wecken, die Sachen packen, erneut zur Rezeption laufen.

»Wo gibt es denn hier noch eine billige Unterkunft?« Sie gähnen.

»Warum wollt ihr denn weg?«

»Sie haben doch gesagt: nur eine Nacht – kein Wigwam.«

»Aber ihr wart doch noch gar nicht…«

»Doch! Wir haben nicht nur die vorige Nacht hier geschlafen, sondern den ganzen Tag. Wir waren so müde von der Bahnfahrt und sind jetzt erst geweckt worden.«

»Ihr wollt den ganzen Tag hier geschlafen haben? Das ist doch Blödsinn.«

Sie holen den Hausmeister und die Putzfrau.

»Haben diese beiden Herren aus dem Osten den Tag über hier geschlafen?«

»Nee! dor hat kener schlopen. Ihrlich!«

Die Brüder stehen ungläubig da, haben keine Lust mehr zu streiten, langsam gehen sie wieder zurück in ihre Doppelstockbetten.

Diesmal endgültig.

Am nächsten Tag werden sie pünktlich geweckt, sie werden zur rechten Zeit den Hafen erreichen und am Ende ihre D-Mark ausgezahlt bekommen, sogar noch etwas mehr. Die Eltern werden sich geschlagen geben, gehen mit ihnen zusammen ins Sportgeschäft. Dort liegen die ersehnten Geräte, und das Geld reicht gerade so. Am Ende werden die zwei ihr Boot haben, mit ihm die Wasserwege ihrer kleinen Welt erkunden und alle ihre Nöte vergessen.

Manche Träume gehen eben doch in Erfüllung.

Ziemlich schräge Vögel

Nichts geht übers Ankommen. Nach endlosen Irrwegen vielleicht, über holprige Straßen, von Hunger und Durst geplagt, auf einem harten Sattel, unter glühender Sonne, wenn der Schweiß krustig wird auf der Stirn und die Zunge lang – dann ankommen, aufhören, ausruhen auf einer Holzbank, die einfach dasteht, neben einem schattigen Brunnen und einem bergenden Dach in Sicht. Es gibt nichts Himmlischeres als solches Ankommen. Die Zeit steht still, alles ist Augenblick, köstlicher Augenblick.

So saß ich, ein müder Student aus Halle, Ende der fünfziger Jahre, im Schatten von Hluboka, einem Märchenschloss an der mittleren Moldau. Endlich angekommen.

Nach kurzer Nacht in einer Prager Jugendherberge war ich mit meinem Rad in der Frühe losgefahren, schon mit einem Kettengang aus dem Westen ausgerüstet, Firma Fichtel und Sachs, ein Luxus damals, in der Tasche ein Paar geschmuggelte Kronen, ein halbes Brot, ein Kanten Käse und ein Stück Speck, »Wir wollen zu Land ausfahren...« auf den Lippen. Ich hatte kein Zelt und keinen Schlafsack, nur einen löchrigen Regenumhang und ein irrationales Vertrauen in die Menschheit allgemein, und in die unbekannten, tschechischen Nachbarn im Besonderen.

Noclehárna nennen sie diese Absteigen, die es in allen größeren Städten gibt. Billig sind sie, urgemütlich und laut. Meist braucht man sie nicht einmal. Es genügt in der Regel, am Abend nach einer Noclehárna zu fragen, um mitgenommen, freundlich bewirtet und am Ende auf einem Sofa oder einer Matratze untergebracht zu werden. Die älteren Leute radebrechen fast alle deutsch. Die Gegend war ja bis vor zehn Jahren Nordböhmen, halbdeutsches Sudetenland also.

Ein Pfarrer hatte mich schon nach ein paar Stunden im Schatten einer alten Dorfkirche aufgegabelt. Der teilte seine dünne Brotsuppe mit mir und erzählte von seinem abenteuerlichen Leben. Ich war ahnungslos, was die Kirche in diesem Lande betraf. 1949 hatte man ihn ersteinmal eingesperrt. Er wollte sich nicht in die reformierte Staatskirche übernehmen lassen, obwohl alles beim Alten hätte bleiben können, sagten sie ihm. Alles, außer dem römischen Attribut. Die meisten Kleriker im Lande waren eingeknickt. Böhmisch-katholisch eben, kommentierte er bissig. Aber nicht mit ihm! Als er aus dem Knast kam, wurde er Hilfsarbeiter, später Nachtwächter. Von irgendwas müsse man ja leben. In Wahrheit blieb er Pfarrer, der er war, betreute seine alten, treu geblieben Schäflein, feierte heimlich Messen in unterschiedlichen Wohnungen, taufte, spendete Sterbesakramente und Trost. Vor allem Trost. Alles illegal. Das war natürlich gefährlich. Aber die kleine Untergrundgemeinde hielt dicht. Eines Tages, nach ein paar Jahren, kam ein Unbekannter und überbrachte ihm insgeheim ein Papier. Die Erlaubnis zum Weihen von Priestern. Hu! Das war normalerweise Bischöfen vorbehalten. Wie hatten die in Rom – denn von da musste es ja kommen – nur den Spuk in seinem Lande herausbekommen. Er stellte seit langem keine Fragen mehr.

Nach einer Stunde war der Fremde ohnehin weg. Und der Untergrundpfarrer weihte von nun an, heimlich und improvisiert, junge Tschechen zu Priestern. Allesamt Naturtalente ohne Studium, ohne Latein, vor allem ohne Zölibat. Am Ende sogar zwei Frauen, erklärte er mir schmunzelnd. Not lehrt eben beten. Als ich abfuhr winkte er mir lange nach, wie einem alten Freund. Warum vertraute er mir? Spürte er, dass ich irgendwie dazugehörte?

Nun aber saß ich glücklich und müde auf meiner Bank. Die Sonne stand schon tief, und ich hatte noch keine Bleibe.

Im Schloss sollte es etwas zum Übernachten geben, vermutete ich und stapfte, aufs Fahrrad gestützt, den kurzen Weg zur Pforte hinauf.

Die war um diese Zeit natürlich geschlossen.

Ich zog an einer rostigen Kette, die von einer kleinen Glocke herunterbaumelte.

Nach geraumer Zeit hörte ich Schritte. Ein Schlüssel quietschte im Schloss. Langsam öffnete sich die Tür zu einem Spalt, aus dem mich ein Auge anschielte.

Die dazugehörige Gestalt war nicht zu erkennen. Ich versuchte ihr aber mit Händen und Füßen klarzumachen, dass ich ein Nachtlager brauchte.

Nach etlichen Minuten ging die Tür, zwar zögernd und knarrend, doch endlich ganz auf. Was ich jetzt sah, ließ mich erstarren. Fast wäre ich geflohen, wenn die Möglichkeit noch bestanden hätte. Da stand eine leibhaftige Hexe vor mir, wie einem Märchenbuch entsprungen. Klein und hutzlig war sie, mit langer, krummer Nase, grauen, zerzausten Haaren unter einem fransigen Kopftuch und schwarzen, verschlissenen Röcken, aus denen zwei dünne, nackte Füße ragten. Sie sah mich misstrauisch an und führte mich wortlos über den Innenhof des Schlosses durch ein Pförtchen in einen verwahrlosten Garten und über eine Treppe in eine Art Keller. Sie winkte mir zu folgen. Wir kamen in einen kleinen, erbärmlichen Raum mit Bett, Tisch und einem Herd, vermutlich ihre Bleibe. Von hier aus führte der Weg in ein noch kleineres, fensterloses Verlies. Sie machte eine Bewegung, die besagte, das sei für mich. Mir grauste. Schon bei der Vorstellung bekam ich Platzangst. Aus diesem Loch war ja die ganze Nacht nicht herauszukommen. In der Ecke stand eine wacklige Pritsche, daneben ein kleiner Blechschrank. Auf dem Schrank thronte ein Vogel, tatsächlich ein Vogel. Ein riesengroßer, ausgestopfter Vogel mit langem Schnabel und dürren Beinen, dessen Kopf bis an die Decke reichte. Das war nicht gerade einladend, aber ich hatte zu dieser späten Stunde keine Wahl.

Ein paar Stunden später saß ich müde auf der Kante dieser Pritsche. Es war dunkel geworden und still. Meine Kerze auf dem unebenen Lehmboden warf ein flackerndes, gespenstisches Licht in die Dunkelheit. Ich schaute zum Vogel auf. Es müsste ein Reiher vom nahen Fluss sein, vermutete ich. Seine dürren Beine, mit denen er stundenlang im kalten Wasser stehen kann, werden kaum durchblutet, hatte ich mal gelesen.

Diese Beine schienen nur aus Knochen und Haut zu bestehen. Sie faszinieren mich. Wie die sich wohl anfühlen? Es wäre besser gewesen, nicht zu fragen.

Ich stellte mich auf die Zehenspitzen und fühlte vorsichtig an seinem Bein.

Und da passierte das Unglaubliche.

Ein furchtbarer Schreck durchfuhr mich. Der Vogel fing plötzlich an, mit seinen riesigen Flügeln zu schlagen und auf mich einzuhacken. Ich sprang entsetzt zur Seite, stürzte über etwas, die Kerze vermutlich, denn sie ging aus, verlor das Gleichgewicht im völligen Dunkel und lag am Ende benommen, keuchend und mit fliegendem Puls in einer Ecke.

Dann war Stille. Totenstille. Langsam kam ich zur Ruhe. Was war hier passiert? Hatte ich schon geschlafen? Ich tastete vorsichtig nach der Kerze und den Streichhölzern. Was würde geschehen, wenn ich Licht machte? Ich wartete eine Weile. Nichts geschah, kein Geräusch. Da zündete ich das Streichholz an. In seinem spärlichen Licht sah ich den Vogel. Er stand starr auf dem Boden, in der anderen Ecke des Raumes, den Hals bedrohlich hochgereckt, mit leicht abgespreizten Flügeln und rührte sich nicht. Dann ging das Streichholz aus. Was tun? Vor dem einzigen Ausgang schlief die Alte. Wohin sollte ich im Dunkel auch fliehen? Ich musste bleiben.

Vorsichtig zündete ich die Kerze an. Der Vogel rührte sich immer noch nicht. Langsam kroch ich Millimeter um Millimeter zu meiner Pritsche.

Das wurde eine lange Nacht. Eine sehr lange Nacht.

Die längste meines Lebens.

Die Alte war schon im Morgengrauen aufgestanden.

Als ich dem Burgpersonal von meiner letzten Nacht erzählte, brach es in lautes Gelächter aus und löste das Rätsel.

Ein Biologie-Student aus Brünn hatte den Reiher als Jungvogel hergebracht. Seitdem fütterte er ihn mit selbstgeangelten Fischen. Das zahme Tier war normalerweise ganz friedlich.

Sie lachten noch lange.

Ich nicht.

Die Wiese

Die Sommerzeit hatte begonnen, die liebliche, wie die Dichter sagen.

Die Frühblüher waren verschwunden, die Forsythien längst wieder grün und die Uhren eine Stunde vorgestellt.

Langsam keimte Vorfreude auf kommende, sommerliche Ereignisse: Wandern, Schwimmen, Klettern, vor allem aber Segeln. Segeln ist für meine Familie nicht nur der Inbegriff von Sommer und Sonne, sondern auch von Abenteuer, Risiko und Herausforderung. Das galt besonders für die beiden Halbstarken der Familie, die es nicht erwarten konnten, das Boot aus dem Schuppen zu holen und auf dem Trailer festzuzurren.

Die kommenden Wochen wollten nicht vorbeigehen.

Eines schönen Juli-Tages war es dann so weit, dass wir uns auf die Reise machen konnten. Nach einer nicht enden wollenden Fahrt von Görlitz über die mitteldeutsche Tiefebene ging es schnurstracks nach Norden.

Bei Sonnenuntergang erreichten wir unser Ziel: die Sandküste des Lieper Winkels. Das tiefe Blau des Achterwassers war zu sehen, der größte innere Bodden der Ostsee lag vor uns.

Wir sprangen aus dem Auto. Endlich angekommen!

Der Bootsaufbau, vom Aufrichten des Mastes bis zum Setzen des Schwertes, begann noch im letzten Tageslicht. Bald klapperten der Verklicker am Mast und das Geschirr im Inneren des kleinen Bootshauses, in dem meine Frau, assistiert von unserer Jüngsten, ein leckeres Abendbrot bereitete.

Am nächsten Morgen ging es los, traditionsgemäß zur ersten Fahrt auf den Gnitz, einer kleinen Halbinsel von Usedom. Hier lockte eine winzige, schilfgedeckte Gaststätte mit allerlei Meeresfrüchten, von denen man im Lande nichts zu sehen bekam. Sie war uns seit Jahren bekannt. Und so machten wir uns nach einem erfrischenden Morgenbad bei achterlichem Wind auf die Reise. Der Himmel war blau, kein Wölkchen zu sehen. Zum Großsegel wurde ein Spinnaker gehisst. Der Wind zog mächtig auf, so dass wir aufs Achterdeck mussten, um nicht über Bug zu kentern. Ab ging die Post, wir sangen »Wilde Gesellen…«, und das Boot brummte den Takt dazu. Im Nu hatten wir die paar Kilometer auf See hinter uns gelassen und waren am schilfbewachsenen Ufer des Gnitz angelangt. Nachdem das Boot an einem langen Hering festgemacht war, ging es an Land. Ein schnurgerader Trampelpfad führte über eine flache Wiese, an deren Ende schon die kleine Schilfbude winkte.

Auf der Wiese stand ein Mann, der uns erst gar nicht auffiel. Er bewegte sich nicht, stand kerzengerade auf dem Pfad, hundert oder zweihundert Meter entfernt, und schaute in unsere Richtung.

Der sieht nicht sehr freundlich aus, dachte ich. Manche Dinge spürt man, bevor sie bewusst werden. Auch die Kinder hörten auf zu lachen und reihten sich hinter uns ein. Je näher wir kamen, desto größer und bedrohlicher schien der Fremde zu werden, stand wie ein Felsklotz mitten auf dem Pfad. Als wir in Reichweite waren, sagte er leise:

– Was haben Sie hier zu suchen?

Hu! Das klang nicht sehr freundlich. Ich wollte mir die Laune nicht verderben lassen.

– Hallo!, sagte ich einfach.

– Ich habe Sie gefragt, was Sie hier zu suchen haben.

Das war schon etwas lauter.

– Nach drüben, da in die Gaststätte... eigentlich... wir wollten...

– Ich hatte nicht gefragt, was sie wollten, sondern was sie hier zu suchen haben!

Ich wurde jetzt ärgerlich und konterte:

– Was geht Sie denn das an?

– Das will ich Ihnen sagen. Diese Wiese gehört mir. Deshalb geht es mich an. Also, verschwinden Sie gefälligst, wie Sie gekommen sind.

So etwas war mir noch nie passiert. Wir waren nicht zum ersten Mal hier. Niemals ist uns der Zugang verwehrt worden. Ich war sprachlos. Mir fehlten buchstäblich die Worte. Irgendetwas stimmte hier nicht. Ich war nicht wütend oder erbost. Nur erschrocken. Hier muss ein Missverständnis vorliegen. Ich schaute ihn verständnislos an. Dein Blick ist plötzlich ganz schwarz geworden, haben meine Leute nachher gesagt. Wir standen noch immer reglos da.

– Haut ab jetzt, brüllte er plötzlich. Sonst hole ich die Polizei.

Ich zuckte zusammen. Die Kleine fing an zu weinen. Ihr Vater, der Große, wird angeschnauzt. Das ist schockierend für ein Kind.

Ich drehte mich langsam um. Sah meine Frau an, meine Kinder. Der Himmel war immer noch blau, ohne ein Wölkchen. Der Pfad schnurgrade wie vorher. Trotzdem hatte sich etwas verändert. Etwas Natürliches war ins Wanken geraten.

Dann gingen wir schweigend zurück ans Ufer.

Was willst du, sagte meine Frau nach einer Pause, der hat halt von seinem Hausrecht Gebrauch gemacht. So ist das heute.

Ich versuchte meine Gedanken zu ordnen. Langsam stieg eine große Empörung in mir auf, eine ungeheure Wut. Weit und breit kein Mensch. Wir haben keinen gestört, keinen belästigt. Natürlich wusste ich, dass es Eigentum an Grund und Boden gibt. Trotzdem hatte es einen Ruck gegeben in meinem Inneren. Etwas war zerbrochen, abgebrochen. Plötzlich tönt das helle Stimmchen meiner Tochter in das düstere Schweigen.

– Papa, wem gehört eigentlich die Erde?

– Wie kommst du denn da drauf?

– Na, der hat doch gesagt, die Wiese gehört mir. Von wem hat er die bekommen?

Ich starrte ins Wasser, das in kleinen Wellen an den Strand schwappte. Der Wind hatte nachgelassen. Wir würden eine ruhige Rückfahrt haben.

– Warte noch etwas... lass mich nachdenken...

Der Tag verlief still, etwas gedrückt. Nach dem Abendbrot setzten wir uns auf die geschnitzte Holzbank am Strand und blickten aufs Wasser, über dem die Sonne langsam unterging. Die Kinder schauten mich an:

– Lasst mich mal mit einer Geschichte beginnen. Wie im Märchen. Es war einmal vor langer, langer Zeit, da ging es den Menschen gut auf der Erde. Es ging ihnen so gut, dass sie es nicht einmal bemerkten. So wie dem Kind im Bauch der Mutter. Es braucht nicht zu essen, nicht zu trinken, nicht einmal zu atmen. So ging es den Menschen damals auch. Nur atmen mussten sie, mehr schon nicht. Sie hatten alles, lebten von der Hand in den Mund, von den Früchten der Erde, den Tieren, Beeren und Pilzen, allem, was sie einfach sammeln und jagen konnten. Und davon gab es genug. Wenn nicht mehr genug da war, zogen sie einfach weiter. Es waren ja keine Grenzen, keine Schranken. Die Menschen waren alle gleich. Nicht völlig gleich natürlich. Es gab Große und Kleine, Starke und Schwache. Auch schon Schlaue und Dumme, klar. Aber keine Könige, keine Bestimmer, keine Herrscher. Noch nicht einmal Kriege gab es. Warum hätten sie auch Krieg machen sollen. Man brauchte um nichts zu streiten. In den alten Gräbern aus dieser Zeit findet man keine Waffen. Lange ging das so, mehr als hunderttausend Jahre. – Und dann passierte eines Tages das Furchtbare. Es passierte still und leise und unbemerkt. Wie soll ich euch das erklären. Es gibt Krankheiten, bei denen das auch so ist. Sie entstehen in einer einzigen Zelle. Alle anderen sind gesund. Sie machen kein Fieber und keine Schmerzen. Sie machen eigentlich nichts. Nur verschwinden tun sie nicht. Sie vermehren sich. Langsam und unaufhaltsam. Und wenn man es merkt, ist es vorbei. Dann sind es zu viele. Ich war ja nicht dabei damals. Aber so muss es losgegangen sein. Da stellt sich einer hin, ein Einziger, er stellt sich auf ein Stück Land und sagt, das ist meins! Ein Großer muss es gewesen sein, ein Starker und ein Unverschämter. Er behauptet einfach, das ist meins. Das ist mein Land. Mit dem Ersten, der Erde für sich beansprucht und alle anderen ausschließt, geht es los. Erst einmal wundern sie sich, sind erschrocken. So wie wir auf der Wiese vorhin. Aber mit diesem Satz ist ein Damm gebrochen. Denn nun geht es ganz schnell, dass sie alle ein Stück davon haben wollen. Sagen, das ist meins. Das ist der Sündenfall. Das Ende des Paradieses. Erbsünde nennt die Bibel das, und den zugehörigen Menschen Adam. Wer gibt dem Menschen das Recht, sich Erde anzueignen und sie nicht mehr loszulassen, unsere Mutter Erde, die doch allen gehört. Die Jäger und Sammler kannten das nicht, sie kennen es bis heute nicht. Der Besitzanspruch auf Erde hat sich tatsächlich verbreitet wie eine Seuche, er hat eine Blutspur durch die Geschichte gezogen, von den Eroberungszügen der Antike bis zu den Kolonialkriegen der Neuzeit. Und es erhebt sich die Frage, darf man Erde besitzen, in alle Ewigkeit? Und Luft, und Wasser?

Wie ich die Frage stelle, hört man eine Autotür klappen. Es kommt einer angelaufen, blass und außer Atem. Er erkennt mich im letzten Augenblick.

– Hören Sie, die Leute von der Gaststätte haben mir gesagt, Sie sind Arzt. Helfen Sie mir. Meine Frau ist umgefallen, sie ist besinnungslos…

Ich habe ihm geholfen. Bin hingefahren. Es war nichts Ernstes.

Sie können jederzeit durch mein Gelände, sagte er am Ende leise.

Das Problem war damit aber nicht gelöst.

Die Fessel

Das mache ich nie wieder, hatte ich geschworen. Gleich am Anfang sollte man sich da raushalten. Väter sind hart und gefühllos, das frustriert die Kinder. So lauten seit langem die Urteile sämtlicher Omas und Tanten der Familie. Bei dir ist alles gelobt, was hart macht, hatte mir meine Frau sogar vorgeworfen, immer nur auf Ordnung achten. Los geht es schon beim Stillen, alle vier Stunden, pünktlich. Ab acht schlafen; was man sich auf den Teller tut, wird gegessen; wenn die Erwachsenen reden, schweigen die Kinder; bei dem bisschen Wind braucht man doch keine Pelzmütze auf dem Kopf; in der Nacht kann schon mal etwas geschrien werden, das stärkt die Lungen.

Jetzt halte ich mich da raus, sagte ich mir bei dem kleinen Winzling, der seit einer Woche in unserer Wiege lag, als wenn er kein Wässerchen trüben könnte. Es ist doch viel einfacher, nicht zu bestimmen, wo's langgeht. Das Leben kann so sorglos und ruhig sein.

Kinder lernen eh durch gutes Beispiel, Nachahmung und Belohnung spontan, was sie zum Leben brauchen. Strafen sollte man verbieten. Wünsche nicht versagen. Ablenken, wenn es nicht anders geht. Beim Alkohol oder im Straßenverkehr natürlich erst später. Das Wörtchen Nein ist jedenfalls von Anfang an tabu.

Und überhaupt. Kinder haben doch auch eine Meinung. Warum werden sie nicht befragt und berücksichtigt, wenn es um sie geht. Wo steht geschrieben, dass die Lehrer alles bestimmen müssen? Bei den Zensuren, den Lehrplänen, den Pausen.

Das waren die guten Vorsätze für den Anfang. Da sah's auch noch gut aus. Aber nur am Anfang.

Dann kamen die Nächte. Alle zwei Stunden Geschrei, Füttern, Wiegen, Beruhigen, Singen, Schaukeln. Am nächsten Morgen bleierne Müdigkeit. In der nächsten Nacht das gleiche Spiel. Nach einer Woche schlief ich im Stehen ein. Musste das Schlafzimmer räumen, um einigermaßen zur Ruhe zu kommen.

Und so ging es weiter. Das kleine Wesen besetzte, sobald es krabbeln konnte, souverän alle sich bietenden Freiräume. Alles Zerbrechliche musste weggeschlossen, alle Geräte versteckt werden. Keine Lampe war sicher, kein Schrank dicht genug. Bald konnten wir uns nicht mehr unterhalten. An Besuche war nicht zu denken, jedenfalls am Tage nicht. Die Unterbrecher-Tasten waren überall schnell gefunden. Und nicht nur am Telefon.

Es ist der Fluch der bösen Tat, dass sie fortzeugend Böses muss gebären, fiel mir jetzt ein. Das war ja doch von Schiller, und der Mann hatte schon anno dazumal Recht. Es gibt eine Logik im Guten wie im Bösen, im Chaos wie in der Ordnung. Und was wir da familiär entwickelten, war eine Logik des Chaos. Ich fürchtete mich, nach der Arbeit nach Haus zu kommen. Es gab keine Regeln mehr, jedenfalls für die Wachstunden. Und die Schlafstunden reichten nicht aus, um wieder auf die Beine zu kommen.

Zwei Erfahrungen stellten sich alsbald ein. Zum ersten war das Resultat bei diesem Kind keineswegs positiv. Der Blick wurde ernst, dunkel, unruhiger. Manchmal auch nachdenklich, skeptisch oder misstrauisch. Es wurde weniger gelacht. Obschon sie alles bekam, schien sie nicht zufrieden.

Und ich hatte das Gefühl, dass etwas schieflag, ohne dass ich es genau hätte beschreiben und verhindern können.

In dieser Phase der Unsicherheit las ich das Buch einer tschechischen Psychologin: »Der kleine Tyrann«. Da wird das Drama einer dreiköpfigen Familie beschrieben, das in einer Restaurantepisode gipfelt, bei dem der kleine Tyrann jauchzend an den Tischdecken der Gäste zieht, was herrliche, unerwartete Resultate zeitigt, Knalleffekte im wörtlichen Sinn, Suppenteller, die nebst Inhalt am Boden landen, klirrende Bestecke dazu, possierlich kullernde Kartöffelchen und vor allem aufgebrachte, mit Händen und Füßen fuchtelnde Erwachsene. Hei, war das ein Spaß! Den teilen die anderen allerdings nicht, denn sie packen den vierjährigen Bösewicht unsanft am Schlafittchen und setzen ihn samt Familie vor die Tür. Der Vater tobt, die Mutter heult. Ein Problem am Ende, das nicht gelöst wird.

Gelöst wird es im nächsten Buch: »Hättest du mich festgehalten«. Da schlägt die Autorin eine »Therapie« für solche Rüpel vor, mit denen die Eltern nicht fertig werden und auch Erzieher nicht: festhalten, einfach festhalten. Für eine Weile strikt an der Bewegung hindern. Auch gegen den Willen der kleinen Raufbolde. Soft Power sagen sie dazu wissenschaftlich, sanfte Gewalt. Nicht schimpfen, nicht schlagen, nur ruhig und freundlich die Geste der Liebe mit der Geste der Stärke verbinden.

Wie sie darauf gekommen ist, sagt sie nicht. Aber es ist genial. Die Bücher werden Bestseller, verkaufen sich zu hunderttausenden. Ihn fasziniert der Gedanke.

Und er wartet auf eine passende Gelegenheit zur praktischen Anwendung.

Eines Tages kommt sie dann. Sie hat ein altes, dreckiges, noch dazu abgebrochenes Messer im Garten gefunden und apportiert es triumphierend wie ein Hund, zwischen den Zähnen. Bist du wahnsinnig, schreie ich. Mit einem Griff entziehe ich ihr das Mordinstrument, hebe sie blitzartig hoch und schließe sie fest in die Arme. So fest, dass sie gut atmen, aber nicht entweichen kann. Einen Augenblick ist sie verdutzt. Was ist denn mit dem los, scheint der Blick zu fragen. Als sie merkt, dass sie meiner Umarmung nicht entkommt, geht das Theater los und es beginnt ein Kampf, wie ich ihn noch nicht erlebt habe. Ein wütender Protest bricht sich Bahn. Sie kreischt und brüllt, krümmt ihren Rumpf bei den Befreiungsversuchen, die Arme zucken, sie tritt, beißt und kratzt. Ich hatte nicht geahnt, welche Kraft in so einem Kind steckt. Das Toben nimmt kein Ende. Hören das schon die Nachbarn? Die müssen denken, dass da einer umgebracht wird. Langsam kommen mir Bedenken. Wird sie einen Schaden nehmen? Ihr Kopf ist dunkelrot geworden, die Haare schweißverklebt. Ich schwitze auch, brauche alle meine Kräfte. Wie lange das dauert, kann ich nicht sagen, habe den Eindruck einer halben Ewigkeit.

Und dann kommt die nächste Überraschung. Sie hört plötzlich abrupt auf zu schreien, der Kopf sinkt schlaff auf meine Schulter... Um Himmels willen denke ich, sie wird ohnmächtig, was habe ich da gemacht. Aber nein, sie ist nicht ohnmächtig, sie schläft. Sie ist einfach eingeschlafen. Atmet tief und ruhig. Der Motor ist stehen geblieben, der Tank leer. Totale Erschöpfung.

Ich bin ratlos. Was ist jetzt zu tun? Ich behalte sie einfach locker im Arm. Nicht schlecht, denke ich nach einer Weile. Aus der Fessel ist plötzlich eine Bergung geworden. Sieht so ein Kind aus, dem man moralisch das Kreuz gebrochen hat, wie das moderne Psychologen später behaupten und diese Methode in Misskredit bringen werden? Ihr Köpfchen hat sich auf meiner Schulter eingenistet, sie sieht entspannt und glücklich aus. Wie wird sie jetzt aufwachen?

Nach einer Stunde ist es so weit. Sie öffnet die Augen, klettert ruhig von meinem Schoß herunter, als wäre nichts geschehen. Holt sich ein paar Spielsachen und beginnt seelenruhig auf dem Teppich zu spielen. Keine Reaktion, keine Irritation. Die protestierende Wut von vorher ist wie weggeblasen. Als sie nach einer Weile versonnen zu mir aufschaut, lächelt sie. Sie lächelt. Ein ganz entspanntes, ruhiges Lächeln. Das habe ich so noch nicht gesehen!

Von nun an ändert sich das Leben der Familie. Es normalisiert sich merklich. Das Chaos schwindet und weicht einer großen Harmonie. Natürlich gibt es gelegentlich noch Radau, aber der endet nicht in Siegen und Niederlagen, sondern in Übereinkünften. Aus der kleinen Terroristin wird allmählich ein kommunikativer, zufriedener Mensch.

Nach einer Woche ziehe ich zurück in mein Schlafzimmer. Da ist die Welt wieder in Ordnung.

Die Weisheit

Sie war gerade in die erste Klasse gekommen. Unsre Jüngste, der Nachzügler.

Da beginnt der Mensch zwar nicht zu denken, aber das Denken wird bewusst.

Und es beginnt der traurige Wandel von der Lust zur Last.

Ein ganzes Leben wird das dauern.

Anfangs noch unmerklich, bleibt eine Menge Spiel und Entdeckung.

In dieser Phase kommt sie zu mir und fragt.

– Papa, was ist weise?

Um Himmels Willen, denke ich. Jetzt geht's mit Philosophie los.

– Wie kommst du denn da drauf?

– Na, hab ich in meinem Buch gelesen. Von einem König. Der war klug und weise. Also, was ist das, weise…

Sie lässt nicht locker. Ich denke erstmal nach. Und da fällt mir ein Wort von Aristoteles ein. Mit dem kann ich sie abspeisen.

– Hör zu. Weisheit ist die Kombination von Klugheit und Güte.

Sie guckt mich etwas irritiert an, bewegt die Lippen in einer Art Selbstgespräch.

– Verstehst du das?

Nach einer Weile:

– Nee…

Das habe ich mir gleich gedacht. Ich will schon aufgeben.

Ein praktisches Beispiel hilft ja bei Kindern immer ganz gut.

– Nehmen wir mal an, zwei Jungen in deiner Klasse bieten dir ihre Freundschaft an. Der eine ist klug und böse. Der andere ist gut und dumm.

Welchen würdest du wählen?

Lange Pause. Wieder bewegt sie die Lippen lautlos. Dann kommt die klare Antwort:

– Den Bösen!

– Wie??

– Ja, den Bösen würde ich nehmen.

Schon wieder nicht verstanden, denke ich. Dann frage ich trotzdem nochmal nach:

– Kannst du mir sagen, warum du den Bösen und nicht den Guten nehmen würdest?

Sie braucht keine Sekunde um zu antworten.

– Pass auf, Papa. Der Böse ist ja klug, und mit der Klugheit könnte er es doch mit der Zeit schaffen, gut zu werden.

– Und der Gute, der ist doch schon gut!

– Aber dumm.

– Vielleicht schafft der das auch, mit der Zeit klug zu werden...

Da lacht sie hell auf und schüttelt den Kopf.

– Nee. Nie und nimmer!

Es gibt eben Dinge, die braucht man nicht zu lernen.

Dieulafoy

Es war eine kleine, quicklebendige Frau mit graumelierten Haaren und fröhlich blitzenden Äuglein, die da mit kleinen Schritten auf mich zugetrippelt kam. Sie mochte etwa sechzig Jahre alt gewesen sein, schlank und beweglich, sympathisch. Krank sah sie nicht aus, schon gar nicht magenkrank. Trotzdem stand sie kerzengerade und lächelnd mit einem Überweisungsschein zur Magenspiegelung in unserem Behandlungsraum. Ihre Beschwerden waren geringfügig und uncharakteristisch, rechtfertigten kaum eine aggressive Untersuchung. Wir hatten uns aber abgewöhnt, Patienten nach Hause zu schicken, die einmal da waren. Man konnte ja nie wissen?!

Es war eine Routineuntersuchung, wie ich sie seit vielen Jahren praktizierte. Kein Grund zur Aufregung. Dafür benutzten wir ein Gastroskop, ein fingerdickes, schlauchförmiges Gerät mit einer optischen Einheit zur Bildübertragung vom Organ des Kranken zum Auge des Arztes. Weiter gehören dazu eine Lichtquelle und Arbeitskanäle, von denen einer einen Bowdenzug mit einer winzigen Zange enthält, die das Abkneifen von Gewebsproben erlaubt.

Ich spiegelte also auftragsgemäß den Magen und den Zwölffingerdarm meiner kleinen Patientin, ohne eine Auffälligkeit zu sehen. Sie hatte keine Schmerzen, atmete ruhig und entspannt. Bevor ich die Untersuchung beendete, entnahm ich aus der Magenschleimhaut eine Gewebsprobe. Nicht alle krankhaften Veränderungen sind mit bloßem Auge zu sehen. Man kann ja nie wissen!

Es blutete nach der Gewebsentnahme leicht. Das ist normal, es handelt sich ja um eine kleine Verletzung. Die Blutung sistiert nach einigen Minuten, und das wird auch nicht abgewartet. Komplikationen oder Nachblutungen nach solchen Biopsien sind unbekannt. Als ich das Gerät nach etwa fünf Minuten entfernte, blutete es immer noch geringfügig.

Bleiben Sie eine halbe Stunde im Warteraum sitzen, sagte ich trotzdem zur Sicherheit, und melden Sie sich dann noch einmal, bevor Sie gehen.

Ich hatte die nächste Untersuchung gerade abgeschlossen, als ich ein dumpfes Geräusch hörte, wie wenn ein Kartoffelsack zur Erde fällt. Was war das? Bevor ich die Frage beantworten konnte, hörte ich einen vielstimmigen Schrei aus dem Warteraum. Böses ahnend stürzte ich hinaus.

Sie war es tatsächlich, meine kleine Patientin, die mit flacher Atmung und kaum fühlbarem Puls bewegungslos in einer Blutlache lag.

Das muss meine Biopsie gewesen sein, dachte ich sofort. Etwas anderes kam gar nicht in Frage. Aber für große Erwägungen blieb keine Zeit. Es hieß jetzt handeln. Die Aufgaben wurden stumm verteilt, die Mannschaft aus Ärzten und Schwestern arbeitete konzentriert und professionell seit Jahren zusammen.

Ein Tropf wurde angelegt und eine Notoperation vorbereitet.

Es dauerte dennoch eine reichliche halbe Stunde, bis die Blutkonserve am Pflegebett baumelte, auf dem wir die mittlerweile ansprechbare Patientin in die Chirurgie schoben. Mir war ganz und gar nicht wohl zumute.

Erst wollten sie mich nicht in den Operationsaal lassen.

Sie sind doch nicht steril.

Ich muss aber rein. Ich weiß, wo die Blutungsquelle ist.

Also musste ich mich waschen und die ganze präoperative Prozedur der Chirurgen im Schnellverfahren absolvieren.

Als ich den Operationssaal betrete, ist der Bauch schon offen. Die Chirurgen gucken mich ratlos an.

Der Magen ist leer!

Kein Blut. Keine Blutungsquelle.

Ich zeige ihnen von ferne den Bereich meiner Gewebsentnahme. Es ist nichts zu sehen. So eine Biopsiezange ist natürlich winzig, einen Millimeter vielleicht, oder zwei im Durchmesser. Außerdem ist die Magenschleimhaut von der zurückliegenden Blutung rot verfärbt. Es blutet auch nichts aktuell.

Nach einer Viertelstunde Zuwarten beschließt die Mannschaft, den Bauch wieder zu verschließen. Was soll man sonst machen? Solche kleinen Läsionen können sich auch mal spontan verschließen. Das haben wir alle schon erlebt. Mit diesen Selbstheilungskräften der Natur trösten wir uns. Sie kommt auf die Intensivstation. Da kann nichts passieren.

Es passiert aber doch etwas.

Als ich am nächsten Morgen auf der Station anrufe, ist sie tot.

Tot? Ich bin fassungslos. Wie ist das möglich? Bei euch?, murmle ich.

Wir können es uns auch nicht erklären, sagen die Schwestern. Es muss rasend schnell gegangen sein.

Natürlich hatten wir gerade zwei Notfälle. Das hat uns abgelenkt. Sie hat auch keinen Laut von sich gegeben. Wir haben uns in Sicherheit gewiegt, sind einfach zu spät gekommen.

Als ich den Totenschein ausfülle, könnte ich heulen. Ich sehe sie noch vor mir, die kleine, sympathische Frau mit den fröhlich blitzenden Äuglein. Und die bange Frage, was ist mein Anteil an dieser Tragödie?

Das muss alles geklärt werden. Am besten von unabhängiger Stelle. Wir bestellen die Gerichtsmedizin der nächstgelegenen Universität. Sie sollen kommen und eine Obduktion durchführen.

Am nächsten Tage sind sie da.

Ich sitze in meinem Arbeitszimmer, habe den Kopf in die Hände gestützt. Was wird da zutage treten? Was auf mich zukommen? Ich warte. Es dauert lange, schon zwei Stunden. Endlich läutet das Telefon. Sie bitten mich in den Sektionssaal.

Ein Problem ist aufgetaucht, sagen sie. Vordergründig ist alles klar. Es ist eine akute, innere Verblutung. Der gesamte Magen-Darm-Kanal ist prallvoll mit frischem Blut. Aber eine Blutungsquelle fehlt. Wo kommt das Blut her? Das kann doch nicht vom Himmel gekommen sein.

Zeigen Sie uns die Stelle, an der Sie die Biopsie entnommen haben, insistieren sie noch einmal.

Ich kann das nur ungefähr. Aber der Bereich ist unauffällig.

Es bleibt nur eines. Die ganze Region muss Millimeter für Millimeter mikroskopisch untersucht werden. ›In Stufen aufarbeiten‹ nennt man das im Fachjargon. Das ist mühsam und erfordert Zeit.

Aber es bringt am Ende die Lösung.

Die Lösung ist eine angeborene Anomalie: Ein arterielles Blutgefäß direkt unterhalb der Magenschleimhaut, wo es nicht hingehört. Und auch nicht vermutet wird. Es sei denn, ein Geschwür bildet sich direkt über dem fehlgelagerten Gefäß. Dann kommt es zu einer dramatischen Blutung, wie etwa beim Aufschneiden einer Pulsader. Das Krankheitsbild wird nach Dieulafoy benannt, einem französischen Arzt, der es Ende des 19. Jahrhunderts als Erster beschrieb.

Die meisten Ärzte haben so etwas noch nie gesehen und kennen es deshalb auch nicht.

Meine kleine Patientin hatte diese Anomalie. Und ich kannte sie auch nicht. Aber es hätte mir auch nichts genutzt, denn das atypische Blutgefäß, über dem ich die Biopsie entnommen hatte, war ja nicht zu sehen, und die kleine Wandverletzung führte erst einmal auch zu keiner stärkeren Blutung. Erst als der Innendruck das Gefäß zum Platzen brachte, kam es zur akuten, letztlich tödlichen Verblutung.

Aus der Sicht der Rechtsmediziner war es ein unnatürlicher Tod. Und ich hatte ihn herbeigeführt. Ohne mich würde die Patientin noch leben! Das war ein schwerer Schlag für mich.

Ich musste den Fall melden. Damals gab es noch die Meldepflicht für alle unnatürlichen Todesfälle. Eine Kommission hatte dann über die Schuldhaftigkeit zu entscheiden. Bei mir wurde sie verneint. Ich hatte also keinen Kunstfehler begangen.

Mein Gewissen entlastete das aber nur langsam.

Und die fröhlich blitzenden Äuglein der kleinen, sympathischen Frau habe ich bis heute nicht vergessen.

Eine Weihnachtsgeschichte

Es war Mitte der 70er Jahre. Und es ging auf Heilig Abend zu. Trotz einem atheistischen Staat und einer entsprechenden Umwelt hatte dieses Fest Reste von seinem Glanz erhalten, seinen unangefochtenen Stand bei den Kindern bewahrt. Der Heilige Abend war eben heilig geblieben, auch wenn keiner mit dem Wort hätte etwas anfangen können. Das störte die Stimmung aber keineswegs.

Eine zweite Instanz hatte diese Säkularisierung ebenfalls fast unbeschadet überstanden. Das war der Nikolaus. Er hieß zwar jetzt Weihnachtsmann oder Väterchen Frost, sah aber noch genauso aus wie früher, brachte den Kindern ebenfalls kleine Gaben in einem großen Sack, lobte die Guten und tadelte die Schlechten. So war es jedenfalls üblich.

In vielen Betrieben wurden die Kinder der Mitarbeiter an einem Adventsabend in einen geschmückten, von Kerzen erhellten Raum geladen. Es gab Saft, Plätzchen und weihnachtliche Musik von Eterna-Platten, bis dann der mit Spannung erwartete Weihnachtsmann aus irgendeiner magischen Höhe einschwebte, um am Ende die zuvor von den Eltern liebevoll verpackten Geschenke zu verteilen.

Ich arbeitete seit einiger Zeit am Görlitzer Krankenhaus und war erstmalig zum Weihnachtsmann erkoren worden. Da konnte man nichts machen. Ich hatte mir aber etwas ausgedacht. Eine kleine Neuigkeit. Die Eltern sollten mir ein Register von Gewohnheiten oder Eigenschaften ihrer Kinder übergeben, die in der Vergangenheit Anlass zu Lob, aber auch zu Tadel gewesen waren. Ich konnte mich also als Erziehungsgehilfe nützlich machen, was von den Eltern erfreut aufgenommen wurde. Außerdem würde ich als Allwissender bei den Kindern einen gewaltigen Eindruck machen, was meiner Autorität ebenfalls zu Gute käme. So dachte ich.

Als der besagte Abend kam, wurde ich in einem Nebenraum zum reinen Vergnügen von Eltern und Mitarbeitern präpariert, in einen Weihnachtsmann verwandelt. Ein langer roter Kittel mit Strickgürtel, Zipfelmütze und Krückstock, dazu ein angeklebter weißer Bart führten zu völliger Unkenntlichkeit. Nach dieser Transformation machte ich mich auf den Weg zum Festsaal, pochte laut und vernehmlich an die Tür, die mir alsbald geöffnet wurde, und betrat, den Sack hinter mir herschleifend und das Sündenregister unterm Arm, würdigen Schrittes den schummrigen Raum. Augenblicklich wurde es still, selbst die Musik verstummte. Ich setzte mich auf den Thron, eine Art Lehnstuhl auf einem Podest, und begann mit lauter Stimme:

»Grüß Gott, ihr Kinder!« Der Gruß, in Bayern normal, wirkte bei uns befremdlich. Ich hätte auch Salaam aleikum sagen können. So fiel denn die Antwort der Kinder auch aus.

»Na, das war doch nichts. Seid ihr alle krank? Also nochmal und laut! Grüß Gott.« Diesmal kam es wie aus der Pistole geschossen. Einen winzigen Nikolaus-Rest wollte ich doch in der profanen Weihnachtsmannrobe unterbringen. Ich würde mir möglicherweise ein Fragezeichen bei der Kaderabteilung einhandeln. Sei's drum!

»Was meint ihr, wo ich herkomme?« Keine Antwort, klar. »Von weither komme ich. Aus dem Weihnachtsland.« Ungläubiges Staunen. – »Wo das ist, möchtet ihr sicher wissen? Natürlich da, wo es die Weihnachtsgänse gibt, die Weihnachtsbäume und die Weihnachtsgeschenke. Und auch die Weihnachtsmänner. Wir sind ein Weihnachtmann-Kollektiv da oben, und ich bin der Vorsitzende.«

So ging es munter weiter. Die Kinder blickten mich interessiert und vertrauensvoll an, bis ich mein Register auspackte und den Ersten aufrief. Er hieß Ralf und stellte sich vor mir auf.

»Sag mal, Ralf, hast du dich in der letzten Zeit immer gut benommen? Zu Haus meine ich. Keinen Ärger gehabt?«

Ralf schüttelte selbstsicher den Kopf.

»Und wer hat deiner Schwester vor einer Woche die Puppe geklaut und sie am Ende kaputt gemacht?«, fragte ich leise.

Ralf erstarrte.

Nach einer Schrecksekunde drehte er sich um, rannte zu seiner Mutter und verbarg den Kopf heulend in ihrem Schoß.

Damit hatte er nicht gerechnet. Ich auch nicht. Die übrige Mannschaft starrte mich jetzt angsterfüllt an. Was wird der noch mit uns machen?

Nun hieß es zurückrudern, die Stimmung retten.

Ich winkte die beiden zu mir. Ralf klammerte sich immer noch an den Rock seiner Mutter

»Na ja, Du hast doch nicht nur Dummheiten gemacht«, lenkte ich ein. »Ich habe da auch eine Menge Gutes gesehen, dass du deiner Mutter immer beim

Tischdecken geholfen hast zum Beispiel und dem Vater beim Holzstapeln…«

Nun kamen seine Verdienste an die Reihe. Bei jedem Pluspunkt hellte sich die Miene wieder auf. Und als dann ein Baukasten für ihn und eine Ersatzpuppe für seine Schwester aus dem Sack gezogen wurden, konnten die letzten Tränen von der Wange gewischt werden.

So ging der Reigen munter weiter. Die einen wollten abends nicht ins Bett, die anderen morgens nicht raus, die einen aßen zu viel, die anderen zu wenig, es wurde genascht, geheult, gebockt, aber auch gehorcht und geholfen…

Dass alles unerklärlicherweise stimmte, was ich aus meiner Liste herausholte, verblüffte die Kinder nicht nur, sondern verbreitete respektvolle Erwartung. Die Augen weit aufgerissen, verfolgten sie gespannt den Gang der Dinge, die für sie zum Guten, aber auch zum Bösen ausgehen konnten.

Am Ende kamen meine eigenen Kinder an die Reihe, zwei Jungen, sechs und sieben Jahre alt. Das war riskant. Deshalb kamen sie am Ende an die Reihe. Ich hatte sie immer wieder aus den Augenwinkeln beobachtet, aber sie hatten keine Miene verzogen, mich offenbar nicht erkannt. Wie auch, da ich mich ja selbst in der Maskerade nicht erkannte.

Schließlich rief ich sie zu mir. Schweigend und ernst nahmen sie vor mir Aufstellung. Mit den Händen an der Hosennaht, hochdiszipliniert sahen sie mich gerade an. Immer noch keine Reaktion, die auf ein Erkennen oder einen Zweifel hätte hindeuten können. Kein Lächeln, kein Wink.

Wir besprachen wie gehabt die Licht- und Schattenseiten der letzten Zeit. Sie bekamen ihre Päckchen.

Da hätte die Vorstellung zu Ende sein können. Ich stellte aber noch eine Frage, eine riskante Frage, die ich nicht unterdrücken konnte.

»Kennt ihr mich eigentlich?«

Nach einer kleinen Pause nickten beide, ohne sich zu rühren.

Sie nickten tatsächlich.

Das konnte doch nicht sein!

Ich war völlig perplex.

Jetzt musste ich weiterfragen.

»Und woher kennt ihr mich?«

Nach einer weiteren Pause sagte der Kleinere leise: »Von zu Hause.«

Er sagte tatsächlich von zu Hause.

Der Abend ging dann unauffällig zu Ende.

Zu Haus angekommen, war ich gespannt. Aber es stellte keiner eine Frage. Ich auch nicht. Es schien alles wie immer. –

Einmal habe ich noch gefragt, nach Jahren. Da waren sie schon lange erwachsen. Den damaligen Abend hatten sie nicht vergessen. Aber auch nicht mehr daran gerührt.

Er war in dem rätselhaften Meer versunken, das Vergangenheit heißt. Sein Geheimnis hatte er mitgenommen.

Die Geige

Er war nochmal davongekommen. Eine Geige hatte ihn gerettet. Eine kleine Geige.

Doch davon später.

1939 hatten sie angefangen, junge Leute einzuziehen. Die Stimmung war nicht gerade euphorisch wie zum Ersten Weltkrieg. Eine ganze Menge war in den Köpfen hängen geblieben damals. Besonders den Alten. Aber die Propaganda hatte das ihre getan. Kraft durch Freude. Deutschland, Deutschland über alles. Wer wollte da etwas einwenden. Außerdem redete ja keiner von Krieg. Von der Verteidigung des Volkes war die Rede, der Rasse und nationalen Würde, von Stolz und Ehre.

Aber er war Pazifist. Was er so drunter verstand. Alle waren sie Pazifisten zu Hause. Aber keiner sprach darüber. Und das war so losgegangen. Mit einem Schwindel. Nachdem sie ihm vom Tod der beiden geliebten Brüder des Vaters erzählten, war eine Welt für ihn zusammengebrochen. Noch in den letzten Kriegstagen waren sie gefallen, sagte man. Das war es. Dieses Wort. Was heißt hier gefallen, fragte er die Großen. Das Fürchterliche dahinter spürten sie erst mal nicht. Seit wann fällt man als junger gesunder Mann im Kriege. Wer umfällt, ist ein Kind oder krank. Da stimmte doch was nicht. Warum fällt man im Krieg?

Der Vater hatte es ihm später gesagt. Es ist eine Verharmlosung, eine Ablenkung, sagte er ihm. Man fällt nicht, man wird gefällt. Man wird getötet. Gefällt, wie ein Baum. Gefällt, weil man umgesägt wird. Umgebracht wird. Seit diesen Gesprächen hatte er sich vorgenommen, nie in dieses Gefälle zu geraten.

Aber das war noch lange hin.

Damals hatten sie die beiden Zimmer der Onkels räumen müssen. Eine traurige Geschichte, bei der die Mutter dauernd weinte. Und hier trat ein neues Element in die Beziehung von Krieg, Tod und Lüge. Eine kleine, schmutzige Kiste war das, hinten im letzten Winkel des Zimmers. Sie hatte einen Deckel und daran einen winzigen Schlüssel, und als Mutter sie öffnete, sah man, dass sie eine kleine Geige enthielt. Wahrhaftig! Es war eine halbe oder dreiviertel Geige, wie sich später herausstellte, als sie sie zum Geigenbauer brachten. Der Steg war umgefallen, und zwei Wirbel fehlten. Aber als der Geigenbauer sie zurückbrachte, leuchteten seine Augen. Das ist eine tolle Geige. Eine Meistergeige, sagte er. Gebt die bloß nicht aus dem Haus.

Was tun?

Niemand konnte mit der Geige spielen, also blieb sie untätig liegen. Zunächst. Bis endlich der kleine Bernhard ausersehen wurde, das Geigenspiel zu erlenen. Obwohl keiner in der ganzen Familie Geige spielte...

Er begann Geigenunterricht zu erhalten. Mit Neugier lernte er die ersten Striche und Fingerbewegungen, zunächst einfache Töne, Melodien und Rhythmen. Eine neue, andere Welt tat sich ihm auf. Während diesen Zeiten des Übens vergaß er die Politik, die aus dem Radio tönte, und die Schule. Es machte ihm Spaß, und er wurde allmählich immer besser; dies wiederum verstärkte seine Freude. Nach wenigen Jahren spielte er bereits Sonaten, Beethoven-Romanzen und Quartette mit seinen Musikfreunden, die er bald kennengelernte hatte. Gegen Ende der Schulzeit war das Geigespielen sein großes Hobby geworden, mehr als ein Hobby, eine Quelle der Freude.

Aber inzwischen war der Krieg weitergegangen, die Deutschen waren in Russland eingefallen. Gegen Ende des Jahres hatte mit dem eisigen sibirischen Winter, dem die Deutschen mit ihrer Ausrüstung nicht gewachsen waren, die Niederlage begonnen. Aber niemand redete darüber, keiner wollte es wahrhaben, sondern die Propaganda vom Sieg setzte sich ungebrochen fort.

Auch Bernhard wurde, wie alle gleichaltrigen, werdenden Männer, plötzlich zur Wehrmacht einberufen. Es war unmöglich darüber öffentlich zu sprechen und es zuzugeben, aber es bedeutete ein großes Grauen für ihn. Er wollte nicht in den Krieg. Was sollte er tun? Gab es eine Möglichkeit, darum herumzukommen? Sollte er vortäuschen, krank oder verrückt zu sein? Da fiel ihm die Geige ein! Vielleicht könnte seine Fähigkeit ihm hier nützlich sein.

Es war eine Flucht nach vorn: Er machte sich eines Tages auf den Weg zur Einberufungsstelle der Wehrmacht. Aufgeregt war er vor Angst, aber auch vor Hoffnung. Dort angekommen, fragte er: Brauchen Sie Geiger bei der Wehrmacht? – Ja, natürlich, händeringend, bei jeder Feierlichkeit...

Es hatte sich eine Welt verändert. Nicht nur ihn rettete das. Er kam auf diese Weise mit seinen Quartett-Kumpanen zur Anstellung. Sie mussten zu allen Goebbels-Reden, Ordensverleihungen, Feierlichkeiten spielen. Davon war er zwar nicht gerade begeistert, aber er war vorm Kriegsdienst gerettet.

Das gemeinsame Musizieren und Auftreten entwickelte sich allmählich zu einer Routine. Regelmäßig übten sie zusammen, erfreuten sich dabei der Musik, konnten dabei beinahe die Politik und den Krieg vergessen; und immer wieder mussten sie das Gelernte vorspielen, was ihnen aufgrund der häufigen und geliebten Musikpraxis recht leichtfiel; fast nebenbei leisteten sie die Vorspielpflichten, so wie Pilze, die aus einem riesigen unsichtbaren Myzel herauswachsen.

Doch bei einer Gelegenheit geschah es.

Sie waren dabei, Quartett bei einer NS-Feier zu spielen. Viele Staatsangestellte unterschiedlicher Funktionen und einige ihrer Angehörigen waren anwesend, redeten, hörten aber zu, wenn Musik gespielt wurde. Die Musiker saßen gerade auf einem Podest, umgeben von Vasen und Kübelpflanzen.

Kurz vor dem ersten Ton rückt Bernhard seinen Stuhl eine Winzigkeit zurück, damit ragt er etwas ins Freie. Das fällt erstmal nicht auf bei den ersten Tönen. Und nun passiert etwas Seltsames, das er noch nicht erlebt hat. Es scheint ihm, als ob ganz langsam vor ihm der Horizont untergeht, als ob die Welt sich nach unten drehte, er hat keine Ahnung, was los ist, da er ja auf dem Stuhl sitzt und sich auf die Musik konzentriert; auch der Notenpult sinkt immer weiter nach unten, er senkt den Kopf, kann die Noten nicht mehr sehen und erblickt anstatt dessen die Decke des Raumes, als ob die sich auf einmal vor seinen Augen befände. Das alles dauert unendliche Sekunden, er ist ratlos, möchte schreien; die anderen merken nichts davon und spielen weiter. Da kracht es im Gehölz; er ist nach hinten vom Podest gefallen, hinein in eine Fläche von Gehölzen und Blumen. Er bemerkt erst jetzt, was geschehen ist, und hört brüllendes Gelächter im Publikum.

Bernhard ist benommen.

Als er wieder zu sich kam, schaute er als Erstes auf seine Geige. Ihr war der Hals abgebrochen, er konnte nicht weiterspielen! Er selber war heil, nur leicht verletzt und musste erst einmal gestützt werden.

Auch die Geige wurde bald repariert, und seine »Musikerkarriere« setzte sich in Begleitung seiner Freunde bis zum Kriegsende fort.

Trotzdem wurde Bernhard am Ende nicht Berufsmusiker, wie manche gedacht hatten. Sein Pazifismus band ihn an die Kirche. Er studierte Theologie und wurde Priester. Später sogar Bischof.

Doch das Geigenspiel zog sich als ein Herzstück durch sein ganzes Leben. Noch wenige Tage vor seinem Tod spielte er bei einem Wallfahrtsfest im Kloster Neuzelle mit Begeisterung seine selber komponierten Lieder.

Abend

Manchmal scheint alles zu schlafen
und in die Ferne gerückt.
Noch ehe die Dinge uns trafen,
hat sie das Schweigen erdrückt.

Geschehen gehen zu Ende.
Ein Sehnen liegt ausgespannt
wie große, gehaltene Hände
über dem offenen Land.

Lieferbare Radius-Bücher. Eine Auswahl

Ursula Baltz-Otto (Hg.): Jeder Tag ein Gedicht. 366 Texte
Gerhard Begrich: Die Torah. Neu übersetzt und erläutert
(*Die fünf Bände sind auch einzeln erhältlich*)
Gerhard Begrich: Das Hohelied Salomos
Eine Dichtung von Sulamith. Neu übersetzt und erläutert
Peter Bichsel: In Hafen von Bern im Frühling
Johann Hinrich Claussen: Über den Takt in der Religion
Fundstücke – Glaubenssachen
DENKSKIZZEN. Zu den Predigttexten der sechs Perikopenreihen
Band 1 herausgegeben von Petra Bahr
Band 2 herausgegeben von Christoph Levin
Band 3: herausgegeben von Kristian Fechtner
Band 4: herausgegeben von Alexander Deeg
Band 5: herausgegeben von Annette Kurschus
Band 6: herausgegeben von Johann Hinrich Claussen
Wolfgang Erk (Hg.): Neues Jahr – neues Glück!
Literarische Texte zum Geburtstag und zur Jahreswende
Wolfgang Erk (Hg.): Viele gute Wünsche. Literarische Annäherungen
Wolfgang Erk/Martin Scharpe (Hg.): Es glänzen einzig die Wörter
Vom Schreiben und Lesen in Wort und Bild
Traugott Giesen: Rufbereitschaft. Texte zum Leben
Peter Härtling (Hg.): Ein Engel für jeden Tag. 366 Texte
Hartmut von Hentig: Annäherung an das Gute Leben
Klaus-Peter Hertzsch: Chancen des Alters. Sieben Thesen
Klaus-Peter Hertzsch: Der ganze Fisch war voll Gesang. Balladen
Klaus-Peter Hertzsch: Hoffnungsbilder. Predigtmeditationen
Klaus-Peter Hertzsch: Sag meinen Kindern, dass sie weiterziehn
Erinnerungen
Klaus-Peter Hertzsch: Das Selbstverständliche ist das Erstaunliche
Predigten – Reden – Texte
Klaus-Peter Hertzsch: Die Stärken des Schwachen
Erinnerungen an eine gefährliche Zeit
Reinhard Höppner: Chancen der doppelten Erfahrung
Texte der letzten Jahre
Walter Jens: Das A und das O. Die Offenbarung
Walter Jens: Der Römerbrief
Walter Jens: Die vier Evangelien
Eberhard Jüngel: Anfänger
Herkunft und Zukunft christlicher Existenz

Eberhard Jüngel: Außer sich. Theologische Texte
Eberhard Jüngel: Predigten 1 bis 7 *(auch einzeln erhältlich)*
Otto Kaiser: Das Buch Hiob. Übersetzt und eingeleitet
Otto Kaiser: Kohelet. Das Buch des Predigers Salomo
Otto Kaiser: Die Weisheit Salomos
Eckart Klessmann: Der Unbekannte
Eine Annäherung an Georg Philipp Telemann
Wolf Krötke: Aufatmen
Ost-westliche Einübungen in die christliche Freiheit
Werner Krusche: Ich werde nie mehr Geige spielen können^
Erinnerungen
Reiner Kunze: Bleibt nur die eigne Stirn. Ausgewählte Reden
Reiner Kunze/Mireille Gansel: Die Chausseen der Dichter
Ein Zwiegespräch über Peter Huchel und die Poesie
Christoph Levin: Aus heiterem Himmel. 20 Predigten
Christoph Levin: Bin ich's? 20 Predigten
Christoph Levin: Premierenfieber. 20 Predigten
Christoph Levin: Das verlorene Paradies
und weitere sieben Vorträge zum Alten Testament
Gerd Lüdemann/Martina Janssen: Bibel der Häretiker. Nag Hammadi
Henning Luther: Leben als Fragment
Band 1: Texte zu Religion und Kirche
Band 2: Texte zur religiösen Bildung und zur Prakt. Theologie
Henning Luther: Religion und Alltag
Bausteine zu einer Praktischen Theologie des Subjekts
Christoph Markschies: Wertsachen
Kurt Marti: DU. Eine Rühmung. Und 19 Gebete in Gedichtform
Kurt Marti: Fromme Geschichten
Kurt Marti: geduld und revolte. die gedichte am rand
Kurt Marti: Heilige Vergänglichkeit. Spätsätze
Kurt Marti: Prediger Salomo
Weisheit inmitten der Globalisierung
Kurt Marti: Die Psalmen. Annäherungen
Kurt Marti: Versuche zu verstehen
Von der Weltleidenschaft Gottes und Gott im Diesseits
Pierangelo Maset: Geistessterben. Eine Diagnose
Matthias Nawrat: Nowosibirsk. Tagebuch
Niklaus Peter: Himmelsleiter und Prophetenmantel
Kleine Denkstücke in Religion und Literatur
Niklaus Peter: Maulwürfe und Sündenböcke
Aufbrüche aus der Welt des Alltäglichen

Niklaus Peter: Schachfigur – oder Schachspieler. Denkmodelle und Spielzüge auf den Feldern des Lebens und der Religion
Ruth Rehmann: Flussaufwärts. Letzte Geschichten
Martin Scharpe (Hg.): Erdichtet und erzählt I und II
Das Alte/Das Neue Testament in der Literatur
Martin Scharpe (Hg.): Das literarische Geburtstagsbuch
Asta Scheib (Hg.): Atem der Erde. Lyrik zu den vier Jahreszeiten
Henning Scherf: Zu Gast bei fremden Freunden
Eine Weltreise à la Scherf
Friedrich Schorlemmer: Die schöne Kraft des Glockenseils
Gespräche mit Hans-Dieter Schütt
Friedrich Schorlemmer: Wortmacht und Machtworte
Eine Eloge auf die Leselust
Friedrich Schorlemmer (Hg.): Das soll Dir bleiben
Texte für morgens und abends
Friedrich Schorlemmer (Hg.): Dezembernacht
Gedichte und Geschichten zur Advents- und Weihnachtszeit
Friedrich Schorlemmer (Hg.): In Erinnerung an Manfred Stolpe
Trauerreden zu seinem Tod
Fulbert Steffensky: Fragmente der Hoffnung
Fulbert Steffensky: Gewagter Glaube
Fulbert Steffensky: Heimathöhle Religion
Ein Gastrecht für widersprüchliche Gedanken
Fulbert Steffensky: Mut zur Endlichkeit
Sterben in einer Gesellschaft der Sieger
Fulbert Steffensky: Orte des Glaubens
Die sieben Werke der Barmherzigkeit
Fulbert Steffensky: Schutt und Asche
Streifzüge durch Bibel und Gesangbuch
Fulbert Steffensky: Schwarzbrot-Spiritualität
Fulbert Steffensky (Hg.): Ein seltsamer Freudenmonat
24 Adventsgedichte und 24 Adventsgeschichten
Peter Stosiek: *siehe Seite 4*
Christa Wolf: Was nicht in den Tagebüchern steht. Verse
Gerhard Wolf: Im deutschen Dichtergarten
Lyrik zwischen Mutter Natur und Vater Staat
Eva Zeller: Das unverschämte Glück. Neue Gedichte

Radius-Verlag · Alexanderstraße 162 · 70180 Stuttgart
Fon 0711.607 66 66 Fax 0711.607 55 55
www.Radius-Verlag.de e-Mail: info@radius-verlag.de